Pour Jeanne et Madeleine, leur tout premier évangile !

D'après les Évangiles de Matthieu, Marc, Luc et Jean.

Illustrations issues du magazine Pomme d'Api Soleil.
Merci à Geoffrey Defebvre, assomptionniste, pour sa fine relecture.

La vie de Jésus pour les petits

Textes de Sophie Furlaud
Illustrations de Hata Koshiro

une nuit,
un bébé

Marie, une jeune fille qui vit à Nazareth, est fiancée à Joseph, un homme de son village.

Un jour, l'Ange Gabriel, envoyé par Dieu, annonce à Marie : « Sois heureuse, Marie, car Dieu t'a choisie. Tu vas avoir un enfant et tu l'appelleras Jésus. Il sera le fils de Dieu. »

Marie est très étonnée.
Mais elle fait confiance à Dieu :
elle accepte.

Une nuit, Joseph fait un rêve.
L'Ange Gabriel lui apparaît et il lui dit :
« Joseph, ne renonce pas à épouser Marie parce qu'elle attend un enfant qui n'est pas le tien. Cet enfant vient de Dieu. Il fera de grandes choses. Il sauvera son peuple ! »

Au réveil, Joseph fait ce que l'Ange a dit et il épouse Marie.

Quelques mois plus tard, l'empereur ordonne
à tous les habitants d'aller se faire compter
dans leur ville de naissance.
Marie et Joseph se mettent alors en route vers Bethléem.
Pendant le voyage,
Marie sent que son enfant va naître…

Comme ils n'ont pas d'endroit où aller, Joseph et Marie s'installent dans une étable. Là, bien au chaud, Marie met au monde son enfant. Elle le dépose sur la paille et l'appelle Jésus, comme l'Ange l'a demandé. Un prénom qui signifie « Dieu sauve ».

Non loin de là, dans un champ, des bergers, très pauvres, veillent sur leurs moutons. L'Ange de Dieu les enveloppe de sa lumière et il leur dit : « N'ayez pas peur ! Je viens vous annoncer une bonne nouvelle : à Bethléem, un enfant est né ! C'est le Sauveur ! Le fils de Dieu ! Vous le trouverez couché sur la paille. »
Et tous les anges du ciel se mettent à chanter.

Les bergers se dépêchent d’aller voir le bébé.
Ils trouvent Marie, Joseph et le nouveau-né, comme l’Ange leur a dit.

Puis ils retournent chez eux en remerciant Dieu.
Ils racontent partout ce qu'ils ont vu et entendu.
Et tous ceux qui les écoutent sont émerveillés d'apprendre
la naissance de ce petit enfant sauveur.

Guidés par une étoile, des mages viennent aussi rendre hommage
à cet enfant-roi. Ils lui offrent des cadeaux très précieux :
de la myrrhe, comme on offre à un homme, de l'or,
comme on offre à un roi,et de l'encens, comme on offre à Dieu.

Et les années passent...

Jésus grandit auprès de ses parents.
Dieu veille sur lui.
Devenu adulte, il guérit, il enseigne l'amour de Dieu
et va à la rencontre des plus faibles.
Beaucoup de gens parlent de lui et veulent le connaître.

un homme étonnant !

Un jour, des amis de Jésus lui demandent :
« Et toi, comment pries-tu Dieu ? »

« Quand vous parlez à Dieu, dit Jésus, dites-lui tout simplement : "Notre Père…" parce qu'il vous aime comme un père.

Je vous donne cette prière :
Notre Père qui es aux cieux,
que ton nom soit sanctifié,
que ton règne vienne,
que ta volonté soit faite
sur la terre comme au ciel.
Donne-nous aujourd'hui notre pain de ce jour.
Pardonne-nous nos offenses,
comme nous pardonnons aussi
à ceux qui nous ont offensés.
Et ne nous laisse pas entrer en tentation,
mais délivre-nous du mal. »

Un jour, des gens conduisent leurs enfants à Jésus pour qu'il les bénisse.

Mais ses amis les empêchent d'approcher.
Quand Jésus voit cela, il se met en colère.

Jésus dit à ses amis :
« Laissez venir à moi les petits enfants.
Leur façon de découvrir et d'aimer la vie
est la manière la plus juste de se rapprocher de Dieu. »

Et Jésus embrasse et bénit les enfants.

Un jour, Jésus est sur une montagne avec ses amis.
La foule les suit toujours. Jésus interroge ses amis :
« Comment allons-nous nourrir toutes ces personnes ? »

Un de ses amis lui dit :
« Il y a ici un enfant qui a cinq pains et deux poissons…
Mais c'est bien peu pour tout ce monde ! »

Alors Jésus dit à ses amis de faire asseoir
la foule. Il y avait des milliers de personnes !

Il rend grâce à Dieu.
Il prend les pains, les multiplie
et les partage entre les gens.

Puis il fait la même chose
avec les poissons, afin que
chacun mange à sa faim.

Quand la foule est rassasiée, Jésus dit à ses amis :
« Ramassez ce qui reste des pains et des poissons pour que rien ne soit perdu. »
Et ses amis remplissent encore douze paniers !

Un jour, Jésus monte dans une barque pour emmener ses amis de l'autre côté du lac.

Soudain, le vent se lève. La barque tangue et roule sur les flots.
Elle risque de couler ! Et Jésus ? Il dort.
Effrayés, ses amis le réveillent :
« Au secours, Seigneur, nous allons couler ! »

Jésus se lève. Il leur dit :
« Pourquoi avez-vous peur ?
Pourquoi n'avez-vous pas confiance en moi ? »

Alors Jésus menace le vent et l'eau. Et tout redevient calme : le vent tombe et l'eau se radoucit. Ses amis, stupéfaits, disent : « Mais qui est-il pour que même le vent et l'eau lui obéissent ? »

Un jour, Jésus et ses amis quittent la ville de Jéricho. Une grande foule les suit. Un aveugle, Bartimée, est assis au bord du chemin.

Quand Bartimée apprend que Jésus arrive, il crie vers lui :
« Jésus, prends pitié de moi ! »
Mais des hommes le retiennent pour l'empêcher de parler.

Alors, Bartimée crie encore plus fort :
« Jésus, prends pitié de moi ! »

Jésus l'entend. Il s'arrête.
Il demande qu'on fasse
venir Bartimée près de lui.

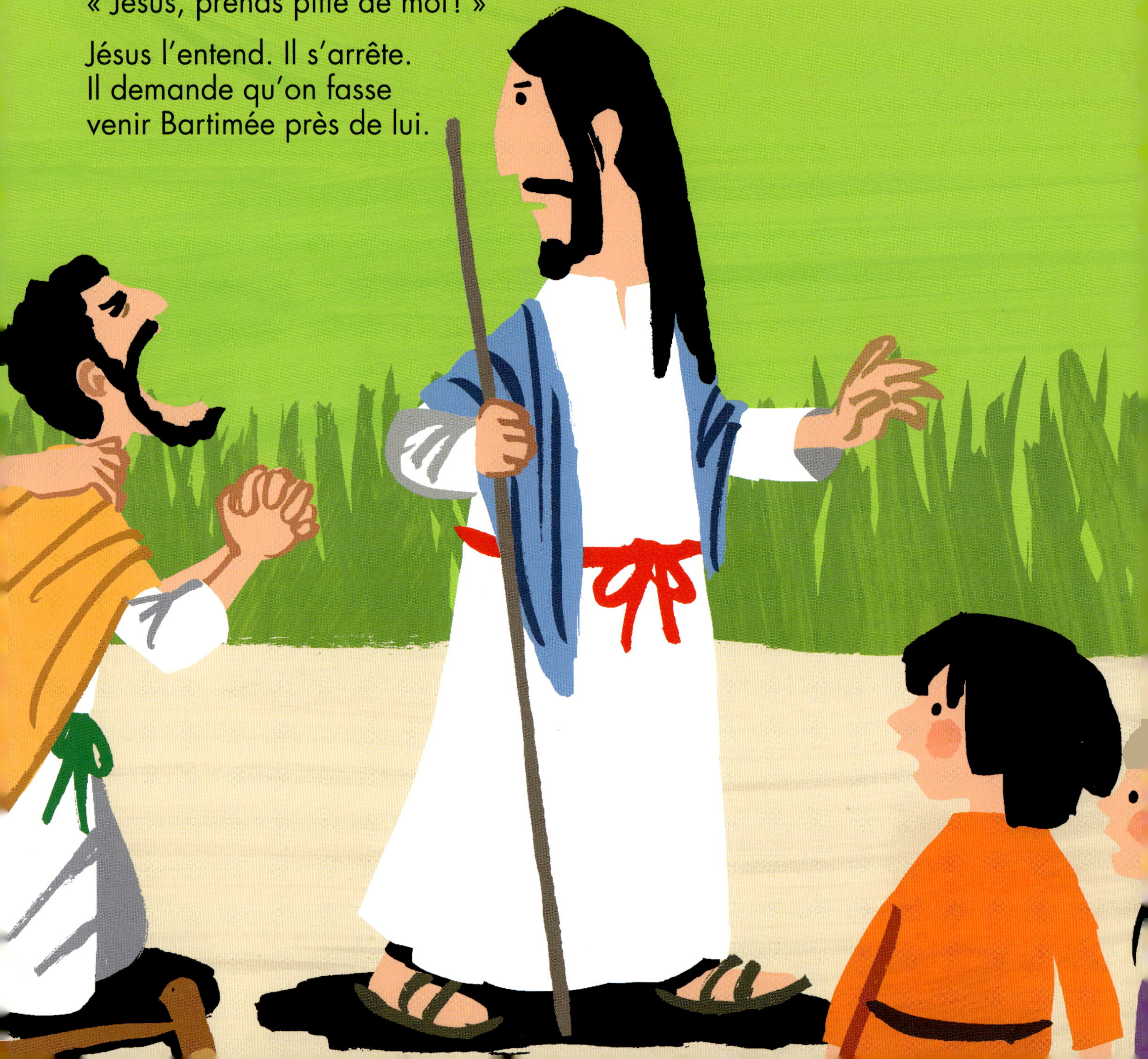

On dit à Bartimée :
« Aie confiance, lève-toi,
Jésus t'appelle. »

Bartimée jette son manteau
et, d'un bond, il va vers Jésus.

Jésus demande à Bartimée :
« Que veux-tu que je fasse pour toi ? »

Bartimée répond :
« Seigneur, fais
que mes yeux voient ! »

Alors Jésus lui dit :
« Va, ta foi t'a sauvé ! »

Aussitôt, Bartimée voit clair, et il suit Jésus sur le chemin.

un homme
plein de sagesse

Les amis de Jésus lui demandent ce qui est le plus important pour vivre comme Dieu le veut. Jésus leur dit :
« Le plus important, c'est d'aimer Dieu de tout son cœur, de toute son âme et de toute sa pensée.
C'est le premier commandement.

Je vous donne le second :

Aime ton prochain comme toi-même,

aussi fort et de tout ton cœur. »

Un jour, un homme demande à Jésus :
« Qui est mon prochain ? »

Alors Jésus lui raconte cette histoire :
« Un homme part en voyage. Soudain, des brigands surgissent.
Ils l'attaquent, le frappent et ils le jettent par terre.

L’homme reste seul,
à moitié mort, sur le chemin…

Un prêtre du Temple de Jérusalem passe par là.
Quand il voit l'homme blessé, il s'éloigne, sans s'arrêter.

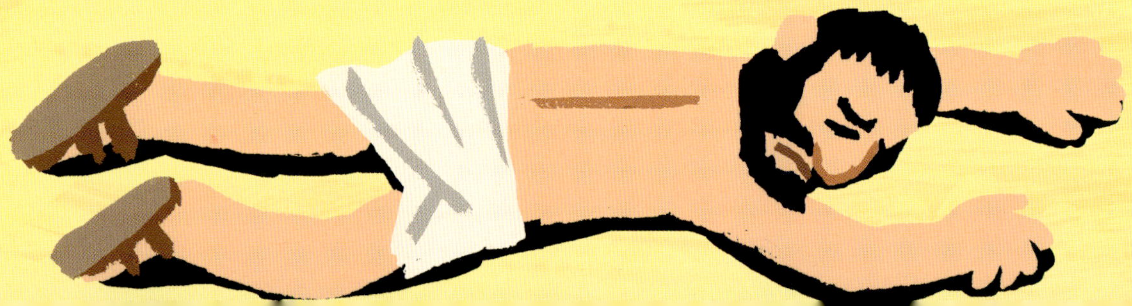

Un serviteur du Temple de Jérusalem passe lui aussi par cette route.
Quand il voit l'homme blessé, il s'éloigne, sans s'arrêter.

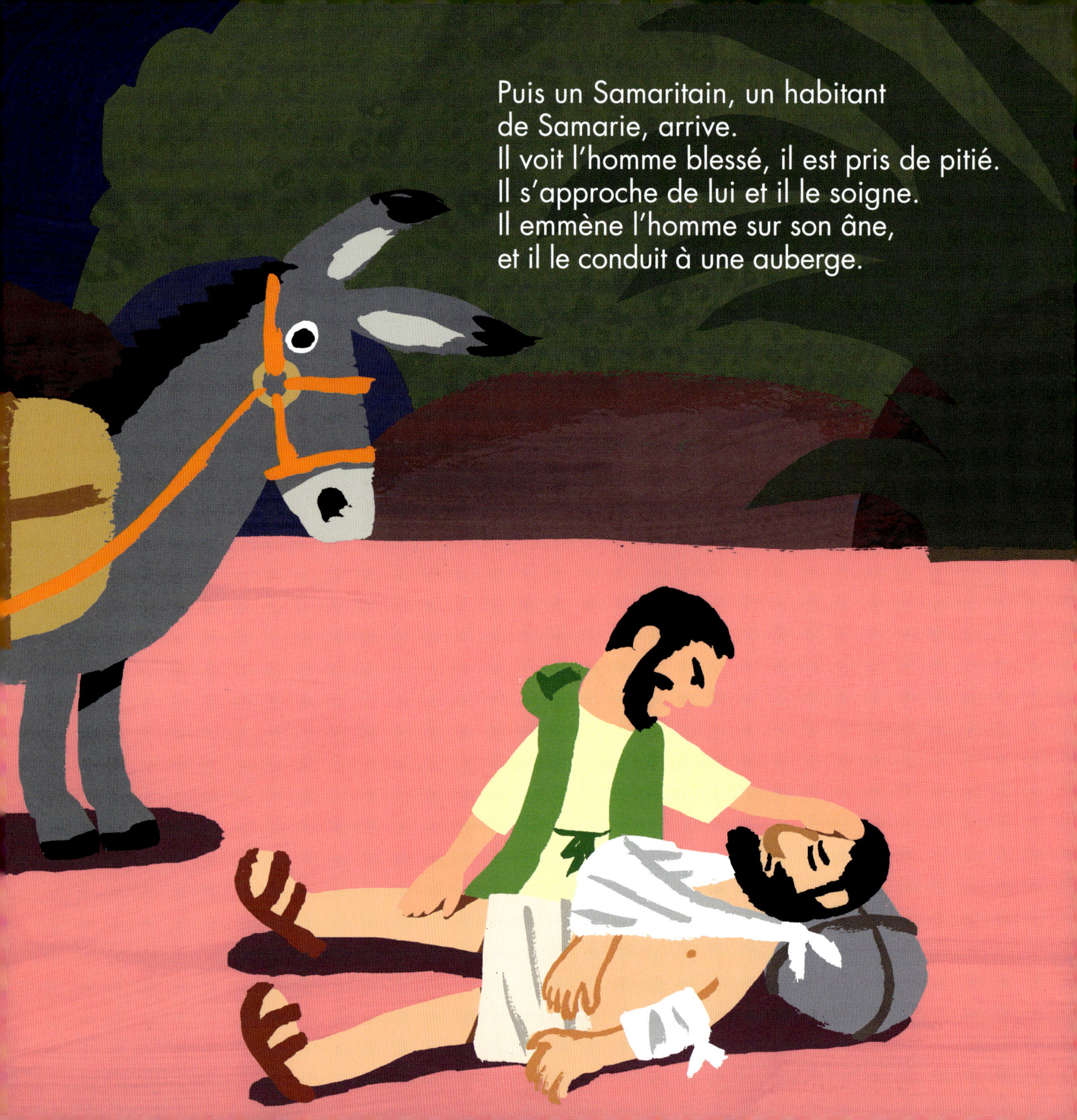

Puis un Samaritain, un habitant
de Samarie, arrive.
Il voit l'homme blessé, il est pris de pitié.
Il s'approche de lui et il le soigne.
Il emmène l'homme sur son âne,
et il le conduit à une auberge.

Le lendemain matin, l'homme donne
deux pièces d'argent à l'aubergiste. Et il lui dit:
"Prends soin de cet homme et, si tu dépenses plus,
je te rembourserai quand je passerai." »

À la fin de l'histoire,
Jésus dit: « Va et fais
comme ce Samaritain. »

Un jour, Jésus raconte une histoire
pour parler de l'amour de Dieu :
« Si un berger a cent moutons
et qu'il en perd un, que va-t-il faire ?

Ne va-t-il pas partir à la recherche
de son mouton qui s'est perdu, en laissant
ses quatre-vingt-dix-neuf autres moutons ?

Et quand ce berger retrouve son mouton, n'est-il pas tout joyeux ?

Il met le mouton sur son épaule et retourne chez lui. Il dit à ses amis :
"Réjouissez-vous avec moi car j'ai retrouvé
mon mouton que j'avais perdu !" »

Et Jésus ajoute :
« Comme ce berger avec son mouton, Dieu notre Père
souhaite qu'aucun de ses enfants ne se perde. »

Jésus,
un homme
qui est Dieu

Après avoir rencontré une foule de gens, guéri et parlé de Dieu de manière nouvelle et joyeuse, Jésus part fêter la Pâque à Jérusalem avec ses amis.

Jésus entre dans Jérusalem.
Il s'avance sur le dos d'un petit âne.

Sur son passage, la foule agite des branches
et elle étend même des manteaux sur sa route.
Elle crie joyeusement :
« Béni soit celui qui vient au nom de Dieu ! »

Un jeudi, pendant la fête de Pâque, Jésus réunit ses amis. Pendant le repas, il prend le pain et le vin et il les bénit. Il dit : « Mangez, ceci est mon corps. Buvez, ceci est mon sang. Je vous les donne pour que tous les hommes aient la vie éternelle. »

Jésus leur annonce que c'est son dernier repas.

Jésus sait qu'il a beaucoup d'ennemis
et qu'il va bientôt mourir.
Il va prier au Mont des Oliviers.
Il prend avec lui trois de ses amis.

Il a peur.

Il demande à ses amis de prier. Mais ils s'endorment.
Jésus se sent seul mais il se tourne vers Dieu
avec confiance.

Et voilà qu'une troupe d'hommes armés
d'épées et de bâtons vient arrêter Jésus.
Les amis de Jésus s'enfuient et l'abandonnent

Au petit jour, les gardes conduisent Jésus au palais de Pilate, le gouverneur romain. Jésus est accusé de semer le désordre et de se prétendre fils de Dieu. La foule se moque de lui et il est condamné à mort.

Les soldats emmènent Jésus sur une colline appelée Golgotha.
Là, ils le clouent sur une croix, entre deux bandits.

Alors, en pleine journée, l'obscurité tombe sur la terre.
Jésus souffre mais il pardonne à ceux qui lui ont fait du mal.
Puis il pousse un dernier cri et il meurt.

Le soir venu, ses amis prennent son corps
et le déposent dans un tombeau.

Ensuite, ils roulent une grosse pierre très lourde
devant l'entrée du tombeau. Puis ils retournent chez eux...

Le lendemain matin, le jour pointe à peine.
Marie-Madeleine, une amie de Jésus,
décide de se rendre à son tombeau.
Elle s'approche… Le tombeau est ouvert !
Marie-Madeleine n'arrive pas à y croire.

Marie-Madeleine court rejoindre Simon-Pierre et Jean, de très bons amis de Jésus.

Ils lui demandent :
« Pourquoi as-tu l'air si effrayée ? »

Marie-Madeleine répond :
« Quelqu'un a enlevé le corps de Jésus ! »

Simon-Pierre et Jean se mettent à courir de toutes leurs forces.
Jean arrive le premier devant le tombeau. Il s'approche…

À l'intérieur du tombeau,
Jean aperçoit les bandelettes
de tissu qui ont enveloppé
Jésus. Il n'entre pas.

Simon-Pierre arrive.
Stupéfait, il entre.
Jean entre alors.
Il voit et il croit...
Jésus s'est relevé de la mort !

Simon-Pierre et Jean repartent.
Marie-Madeleine reste seule à pleurer
près du tombeau.
Elle regarde à l'intérieur du tombeau et…

elle voit deux anges qui sont assis ! Ils lui demandent :
« Pourquoi pleures-tu ? »

Elle répond :
« On a volé le corps de Jésus et je ne sais pas où il est… »

Marie-Madeleine se retourne et voit un homme qu'elle prend pour le jardinier.
Il lui demande :
« Pourquoi pleures-tu ? Qui cherches-tu ? »

Marie-Madeleine répond :
« Est-ce toi qui as emporté le corps de Jésus ?
Dis-moi où tu l'as mis, que j'aille le reprendre ! »

L'homme lui dit : « Marie ! »

Alors, Marie-Madeleine reconnaît Jésus.
« Maître ! » dit-elle tout émue.

Jésus est vivant !

Jésus lui dit avec beaucoup d'amour :
« Marie, je dois monter vers mon Père, qui est aussi votre Père.
Cours annoncer aux hommes que je suis ressuscité ! »

Et c'est ce que fait Marie-Madeleine.

Quelques jours plus tard, deux amis de Jésus marchent vers le village d'Emmaüs. Jésus vient marcher avec eux. Mais ils ne le reconnaissent pas.

Jésus leur demande :
« De quoi parlez-vous ? »

Les deux hommes lui répondent :
« Tu n'es pas au courant ?
Notre ami Jésus de Nazareth a été tué. »

Ils reprennent :
« Certains même disent qu'ils l'ont vu vivant !
Mais comment est-ce possible ? »

Jésus leur dit :
« Comme votre cœur est lent à croire ! »
Et il reste avec eux pour leur rappeler
que la Bible dit : « Un Sauveur viendra
et il devra mourir pour revivre ensuite. »

À la tombée de la nuit, ils arrivent au village d'Emmaüs.
Les deux hommes proposent à Jésus de rester avec eux.
Lors du repas, Jésus prend le pain, il le bénit.
Ensuite, il partage le pain et il le leur donne.
À ce geste, les deux hommes reconnaissent Jésus et leurs yeux s'ouvrent !

Mais aussitôt, Jésus disparaît à leurs yeux.
Les deux hommes se disent l'un à l'autre :
« C'est incroyable ! Notre cœur battait si fort quand il nous parlait !
Et nous ne l'avons même pas reconnu… »

Ils partent vers Jérusalem pour annoncer aux amis de Jésus
qu'ils l'ont vu vivant, ressuscité !

Jésus est encore apparu plusieurs fois à ses amis.
Il leur a parlé, il a mangé avec eux et leur a dit :
« Je suis avec vous pour toujours jusqu'à la fin du monde ! »

Conception graphique : Cynthia Thiéry

Bayard Éditions, 2014
18 rue Barbès - 92128 Montrouge
ISBN : 978-2-7470-4971-9
Dépôt légal : avril 2014
Imprimé en Chine
Loi 49-956 du 16 juillet 1949 sur les publications destinées à la jeunesse.